Aviones con Historia

Dassault Mirage M-5MA Elkan 705

Julio Arróspide Rivera

Aviation Art & History

Aviones con Historia: Dassault Mirage M-5MA Elkan 705

Primera Edición. Junio 2022.

Representante Legal: **Julio Arróspide Rivera**
ISBN: **9798838196415**
Diseño Gráfico: **Julio Arróspide Rivera**
Mail: julio.arrospide@aviationarthistory.com
Impreso por Amazon KDP

Información de COPYRIGHT

IMPORTANTE

Mirage Elkan No. 705

El Mirage 5BA BA 37 aún sin su esquema de camuflaje, indicativo de que esta fotografía fue tomada al poco tiempo de haber sido fabricado, porque tampoco usa pintura antireflejante en la nariz. (Aviation Society of Antwerp)

El Mirage 5BA BA-37 del la Fuerza Aérea Belga usando el primer esquema de camuflaje en 1976 que incluía un color gris claro para las superficies inferiores con un remate ondulado. (Kleine Brogel)

El Mirage Elkan No. 705 (c/n 37) de la Fuerza Aérea de Chile

Este fue uno de los quince aviones Mirage M-5MA Elkan que operó en el Grupo de Aviación No. 8 de la Fuerza Aérea de Chile (FACh) entre 1995 y 2006. Sin embargo, este avión tuvo una larga vida anterior en la Fuerza Aérea de Bélgica como Mirage 5BA antes de ser modificado al estándar MirSIP y ser vendido a la FACh en 1994.

Mirage 5BA

Este avión formó parte de los 63 aviones Mirage 5BA, 16 Mirage 5BD y 27 Mirage 5BR (106 aviones en total) construidos bajo licencia por S.A.B.C.A/SONACA y FN para la Fuerza Aérea Belga a partir de 1967. Estos aviones habrían sido originalmente destinados para equipar a la Fuerza Aérea Israelí, sin embargo, Bélgica logró negociar con Dassault una reducción de costos y el equipamiento de aviónica norteamericana. El primer Mirage 5 de pre-serie MA 01 hizo su primer vuelo de pruebas el 6 de marzo de 1970, para luego cambiar su denominación a BA 01.

El Mirage 5BA (c/n 37) BA 37 fue construido en 1972 y fue entregado a la Fuerza Aérea Belga, como parte del inventario del Escuadrón No. 1 del Ala No. 3, asentado en la Base Aérea de Bierset. En 1984 recibió una actualización con el sistema de contra medidas electrónicas AN/ALQ-178(V)2 Rapport II que incluía un RWR, un lanzador de chaff y bengalas y un jammer de radar. Durante su operación en la BAF fue desplegado a diferentes bases aéreas en Europa para participar ejercicios con otras fuerzas aérea de la OTAN. Ante el arribo del F-16A a la BAF, es retirado del servicio en 1989 y es almacenado en la Base Aérea Koksijde.

 (Lieuwe Hofstra)

Mirage MirSIP

En 1985 la Fuerza Aérea Belga buscaba un reemplazo para la flota de Mirage y había una importante disminución en los presupuestos de defensa como para adquirir un nuevo sistema de armas. Por tal razón SABCA presentó un proyecto para modernizar los 63 Mirage operacionales, llamado MirSIP (Mirage System Improvement Program).

Este proyecto consistió en una serie de modificaciones estructurales (aletas Canards, costillas de las alas reforzadas), nuevo cableado, nuevo equipo de navegación y comunicación (UHF, VHF, IFF, TACAN), sistema de oxígeno líquido, sistema de carguío de combustible a presión, mejoramiento de equipamiento para la misión (CDU, HUD, HDD, Sagem MAESTRO, INS, sistema NAV/Attack, HOTAS, FLIR, designador láser y ECR), nuevo asiento de eyección Martin Baker Mk.10 y otras mejoras.

Sin embargo, en 1992 el proyecto fue abortado por recortes presupuestarios y la cantidad de aviones a modificar fue reducido a 20 unidades y finalmente a 10. En tanto, ya había volado el prototipo (BA 60), el que fue presentado en Le Bourget en 1993. Esta instancia permitió que la Fuerza Aérea de Chile se interesara en el proyecto y comenzaron las negociaciones para adquirir 20 aviones MirSIP (15 M-5MA y 5 M-5MD), además de 4 aviones Mirage 5BR y un Mirage 5BD para repuestos. Finalmente, se llegó a un acuerdo financiero, así como algunas modificaciones adicionales a los aviones y el 20 de octubre de 1994 se entregó simbólicamente el primer "Elkan" (nombre en lengua Mapudungún) en Gosselies a las autoridades chilenas.

El Mirage 5BA No. BA 37, junto a los No. BA 31 y BA 51 fotografiados en la línea de vuelo de la Estación Naval Aérea Sigonella de EE. UU. en Italia. En esténcil amarillo tiene pintado el símbolo "El Santo". (Vía Julio Arróspide R.)

El Mirage 5BA No. BA-37 al final de su vida operativa en 1989, siendo transportado a la Base Aérea Koksijde para ser preservado. Posteriormente sería seleccionado para ser modificado al estándar MirSIP y vendido a Chile. (Johny De Visch)

2 (Arie van Groen)

Mirage Elkan

A partir de marzo de 1995 comenzó el traslado de los Elkan a la Base Aérea Cerro Moreno en aviones Antonov An-124. Los aviones fueron armados y asignados al Grupo de Aviación No. 8, cuyo primer comandante fue el Comandante de Grupo Jorge Rojas Ávila, quien fue el Oficial de Proyecto de los Elkan.

Los aviones M-5MA fueron matriculados del 701 al 715 y los M-5MD del 716 al 720, en tanto que los 5BR del 721 al 724 y el 5BD con el numeral 725. El Mirage 5BR No. 723 fue puesto en condición de vuelo por la falta de aviones de reconocimiento táctico.

Los nuevos aviones fueron presentados oficialmente al Alto Mando de la FACh en una ceremonia en la Base Aérea Pudahuel el 18 de marzo de 1995, inaugurando oficialmente la operación del nuevo material de combate de la FACh.

Servicio en la Fuerza Aérea de Chile

El Mirage M-5MA No. 705 comenzó operar junto al resto de la flota de aviones Elkan del Grupo de Aviación No. 8 apoyando a la Escuadrilla de Combate en el programa de mantenimiento de eficiencia de vuelo (MEO) de los pilotos de la unidad y de la Escuadrilla de Instrucción en los cursos de empleo táctico del avión y los cursos de reentrenamiento.

Este avión junto al resto de la flota homologaron a partir de 1995 el sistema de lanzamiento de bombas con guiado láser Griffin de la israelita IAI, que permitía utilizar bombas Mk.82, Mk.83 y Mk.84, mejorando la efectividad de los pilotos del Grupo de Aviación No. 8 en el lanzamiento de bombas con un CEP de 8 metros.

El Mirage M-5MA Elkan No. 705 operando en la Base Aérea Los Cerrillos utilizando un estanque central de combustible para su traslado desde Cerro Moreno, el cual tiene pintada su parte inferior de color gris claro. (Colección Raúl Zamora M.)

El Mirage M-5MA Elkan No. 705 aterrizando en la Base Aérea Plumerillo, en Mendoza, Argentina, durante su participación en el ejercicio CEIBO 2005. Porta lanzadores de misiles Sidewinder. (Chris Lofting)

 (Chris Lofting)

Ejercicio Ceibo

Entre el 12 y el 27 de noviembre de 2005, el Mirage Elkan No. 705 junto a los monoplazas 703, 710, 714 y el biplaza No. 720) fueron desplegados a la Base Aérea El Plumerillo, en Mendoza, Argentina, al mando del Coronel Claudio Ibacache Salinas para participar en el ejercicio CEIBO. Durante los días del ejercicio, los M-5M Elkan desarrollaron misiones de interdicción para eliminar la capacidad logística de un enemigo ficticio, realizando más de 40 salidas diarias. Durante las misiones se efectuaron combates aire-aire uno contra uno y uno contra dos que enfrentó a los Elkan con Mirage y A-4AR de la Fuerza Aérea Argentina.

Desactivación de la flota Elkan

Con la adquisición de una flota de aviones F-16A MLU, en noviembre de 2006 se pone fin a la operación del material Elkan y el No. 705 es almacenado provisionalmente en la Base Aérea El Bosque en 2007. En la FIDAE de 2008 es presentado en exposición estática sin su motor y en enero de 2010 es exhibido en el Aeródromo de Vitacura. En 2012, nuevamente es presentado estáticamente en la FIDAE y finalmente es almacenado en el Ala de Abastecimiento, en la Base Aérea el Bosque, junto al resto de Mirage Elkan y Pantera, a la espera de poder ser vendidos.

Arista Legal

Irregularidades que se habrían descubierto en el proceso de venta de los Mirage Elkan, provocó acciones judiciales que afectaron a los responsables belgas y chilenos, empañando la trayectoria de estos formidables aviones de combate que, pese a su corta operación, cumplieron con la misión de defender a Chile.

El Mirage M-5MA Elkan No. 705 taxeando para realizar una nueva misión durante su participación en el ejercicio CEIBO 2005 en la Base Aérea Plumerillo, en Mendoza, Argentina, noviembre de 2005. (Chris Lofting)

El Mirage M-5MA Elkan No. 505, en exposición estática junto a un A-37B durante la FIDAE 2012. Al avión le han removido el motor lo cual se evidencia por la extensión de los amortiguadores del tren de aterrizaje. (George Trussell)

Bitácora de Servicio

Fecha	Organización	Modelo	Matrícula	Observación
00-00-1971	SABCA	M-5BA	37	Fabricación.
00-00-1972	SABCA	M-5BA	BA-37	Entregado a la Fuerza Aérea Belga, Escuadrón No. 1, Ala No. 3, Base Aérea Bierset.
00-00-1984	SABCA	M-5BA	BA-37	Es actualizado con el sistema ECM AN/ALQ-178(V)2 Rapport II.
00-08-1984	BAF	M-5BA	BA-37	Participa en el ejercicio TACPOL en la Base Aérea Leeuwarden, Holanda.
08-04-1985	BAF	M-5BA	BA-37	Participa en el Programa de Liderazgo Táctico (TLP) 1985, en la Base Aérea Florennes
00-00-1989	BAF	M-5BA	BA-37	Retirado del servicio y almacenado en la Base Aérea Koksijde.
00-00-1993	SABCA	M-5BA	37	Modificado al estándar MirSIP en Gosselies para ser vendido a la FACh.
00-00-1994	SABCA	M-5MA	705	Entregado a la FACh con la denominación Elkan y registrado con el número FACh 705.
00-00-1995	FACh	M-5MA	705	Dado de alta en el Grupo de Aviación No. 8 en la Base Aérea Cerro Moreno.
00-11-2005	FACh	M-5MA	705	Participa el ejercicio CEIBO en la Base Aérea Plumerillo, Mendoza.
00-00-2006	FACh	M-5MA	705	Retirado del servicio.
00-00-2007	FACh	M-5MA	705	Almacenado en la Base Aérea El Bosque.
00-04-2008	FACh	M-5MA	705	Exhibido en FIDAE 2008.
00-11-2009	FACh	M-5MA	705	Exhibido en la Feria Bicentenario, en la comuna de Las Condes..
00-01-2010	FACh	M-5MA	705	Exhibido en el Aeródromo de Vitacura, Santiago.
00-00-2012	FACh	M-5MA	705	Exhibido en FIDAE 2012.
00-00-2014	FACh	M-5MA	705	Almacenado en la Base Aérea El Bosque.

(Chris Lofting)

5 (Dick Lamarque)

6 (David Parsons)

7 Arie van Groen

8 (Joop de Groot)

9 (Colección Raúl Zamora M.)

10 (Chris Lofting)

11 (Chris Lofting)

12 (Raúl Zamora M.)

13   (Andrés Contador K.)

14   (Joe Evans)

Detalle de Fotografías

1 Aterrizando en la Base Aérea Leeuwarden después de una misión de entrenamiento, el Mirage 5BA No. BA-37, del Escuadrón No. 1 de la Fuerza Aérea Belga, durante el ejercicio TACPOL con aviones de la OTAN desarrollado en agosto de 1984 en la Base Aérea Leeuwarden, Holanda. Este avión sería convertido al estándar MirSIP y sería vendido a la Fuerza Aérea de Chile como 705. (Lieuwe Hofstra)

2 El Mirage 5BA No. BA-37, del Escuadrón No. 1 de la Fuerza Aérea Belga, en la línea de vuelo de la Base Aérea Leeuwarden en Holanda durante el ejercicio TACPOL con aviones de la OTAN desarrollado en agosto de 1984. Porta un misil Sidewinder de práctica en el pilón externo utilizado en las prácticas de entrenamiento de combate aire-aire. (Arie van Groen)

3 El Mirage M-5MA Elkan No. 705 aterrizando y desplegando el paracaídas de freno después de realizar una misión durante su participación en el ejercicio CEIBO 2005 en la Base Aérea Plumerillo, en Mendoza, Argentina. Este ejercicio se realizó entre el 12 y 27 de noviembre de 2005 y fue la única oportunidad en que los Elkan participaron en un ejercicio multinacional fuera de Chile. (Chris Lofting)

4 Impresionante vista frontal del Mirage M-5MA Elkan No. 705 taxeando en la pista de rodaje para realizar una misión durante su participación en el ejercicio CEIBO 2005 en la Base Aérea Plumerillo, en Mendoza, Argentina. El avión va configurado con dos estanques suplementarios de 1.300 litros y un misil AIM-9P de práctica para el combate aéreo. (Chris Lofting)

5 El Mirage 5BA No. BA-37 del Escuadrón No. 1 operando en la Base Aérea Bierset en agosto de 1988. Se aprecia el nombre del piloto a cargo y del Crew Chief sobre el numeral debajo de la cabina. A fines de 1988 este avión sería retirado del servicio y sería almacenado en la Base Aérea de Koksijde para luego en 1994 ser modificado a MirSIP y ser vendido a la FACh con la matrícula No. 705. (Dick Lamarque)

6 El Mirage 5BA No. BA-37, junto a los Mirage No. BA-31 y BA-51 del Escuadrón No. 1 de la Fuerza Aérea Belga, volando en formación con aviones F-14A Tomcat del Escuadrón VFA-102 Diamondbacks, operando en la Estación Aeronaval Sigonella de la Armada norteamericana en Italia, durante ejercicios conjuntos en 1984. La fotografía fue tomada desde el Tomcat del autor. (David Parsons)

7 Otra fotografía del Mirage 5BA No. BA-37, del Escuadrón No. 1 de la Fuerza Aérea Belga, aterrizando en la Base Aérea Leeuwarden después de una misión de entrenamiento, durante el ejercicio TACPOL con aviones de la OTAN desarrollado en agosto de 1984 en la Base Aérea Leeuwarden, Holanda. Este avión sería convertido al estándar MirSIP y sería vendido a la Fuerza Aérea de Chile como 705. (Arie van Groen)

8 El Mirage 5BA No. BA-37, del Escuadrón No. 1 de la Fuerza Aérea Belga, taxeando en la Base Aérea Leeuwarden para realizar una nueva misión de entrenamiento, durante el ejercicio TACPOL con aviones de la OTAN desarrollado en agosto de 1984 en la Base Aérea Leeuwarden, Holanda. Este avión sería convertido al estándar MirSIP y sería vendido a la Fuerza Aérea de Chile como 705. (Joop de Groot)

9 El Mirage M-5MA Elkan No. 705 del Grupo de Aviación No. 8 operando en la Base Aérea Los Cerrillos, durante un despliegue para participar en una formación aérea. En el fondo se puede apreciar algunos Hunter, en donde se puede distinguir el FR.Mk.71A No. 735 mostrando el desgaste de su esquema de pintura, debido a la exposición ambiental. (Colección Raúl Zamora M.)

10 El Mirage M-5MA Elkan No. 705 del Grupo de Aviación No. 8 despegando desde la Base Aérea Plumerillo, en Mendoza, Argentina, durante su participación en el ejercicio CEIBO 2005, para realizar una misión de interdicción contra un enemigo ficticio y donde deberá enfrentar a los Mirage IIIEA y los Douglas A-4AR Skyhawk de la Fuerza Aérea Argentina. (Chris Lofting)

11 Otra fotografía del Mirage M-5MA Elkan No. 705 del Grupo de Aviación No. 8 taxeando en la Base Aérea Plumerillo, en Mendoza, Argentina, durante su participación en el ejercicio CEIBO 2005, para realizar una nueva misión. En la línea de vuelo se aprecia un Mirage IIIEA de la Fuerza Aérea Argentina, con los cuales tuvo la oportunidad de enfrentarse durante los ejercicios. (Chris Lofting)

12 Curiosa fotografía del Mirage M-5MA Elkan No. 705 expuesto en la Exposición Bicentenario "La Aviación y su Historia" en noviembre de 2009 en la comuna de Las Condes. El avión fue remozado para la ocasión, manteniendo su esquema de pintura wrap around con el que llegó al país. En enero de 2010 sería trasladado al Aeródromo de Vitacura. (Raúl Zamora M.)

13 El Mirage M-5MA Elkan No. 705 en exposición en el Grand Prix de Planeadores del Aeródromo de Vitacura en enero de 2010, organizado por el Club de Planeadores de Santiago. Previamente había sido expuesto en la Comuna de Las Condes en noviembre de 2009. Posteriormente fue trasladado a la Base Aérea Pudahuel para ser expuesto en las FIDAE de 2010 y 2012. (Andrés Contador K.)

14 El Mirage M-5MA Elkan No. 705 en exposición estática durante la FIDAE 2012 en la Base Aérea Pudahuel, Aeropuerto Arturo Merino Benítez. Se aprecia sin su pesado motor Atar 9C por la extensión de los amortiguadores del tren de aterrizaje y sin los deflectores del escape (nozzles). Después de esta presentación sería almacenado en la Base Aérea El Bosque, Ala de Abastecimiento. (Joe Evans)

Esquemas de Pintura

Federal Standard 595C			
Tan 30219	Dark Green 34064	Medium Green 34102	Light Grey

Federal Standard 595C		
Tan 30219	Dark Green 34064	Medium Green 34102

BA37
N° 37

705

Esquemas de Pintura

Federal Standard 595C		
Tan 30219	Dark Green 34064	Medium Green 34102

Esquemas de Pintura

Federal Standard 595C		
Tan 30219	Dark Green 34064	Medium Green 34102

Dassault Mirage 5BA - Fuerza Aérea de Bélgica

Mirage 5-BA No. BA-37, Escuadrón No. 1
Base Aérea Bierset, Bélgica, 1976

Dassault Mirage 5BA - Fuerza Aérea de Bélgica

Mirage 5BA No. BA-37, Escuadrón No. 1
Base Aérea Bierset, Bélgica, 1984

Dassault Mirage M-5MA Elkan - Fuerza Aérea de Chile

Mirage M-5MA Elkan No. 707, Grupo de Aviación No. 8
Base Aérea Cerro Moreno, Antofagasta, 2003

Créditos y Bibliografía

Créditos

Edición y diseño: Julio Arróspide Rivera
Fotografías:

- Andrés Contador K.
- Arie van Groen
- Aviation Society of Antwerp
- Chris Lofting
- David Parsons
- Dick Lamarque
- George Trussell
- Joe Evans
- Johny De Visch
- Joop de Groot
- Kleine Brogel
- Lieuwe Hofstra
- Raúl Zamora M.

Ilustraciones: Julio Arróspide Rivera

Traducción: Julio Arróspide R.

Bibliografía

- Andrade, J. (1982). *Latin American Military Aviation*.
- Arróspide, J., Zamora, R. (2021). *Del Vampire al Viper Recargado en la Fuerza Aérea de Chile*. Santiago, Chile: Aviation Art & History
- Donald, D., Lake, J. (1996). *World Air Power Journal, Encyclopedia of World Military Aircraft, Single Volume Edition*.
- Jackson, P. (1993). World Air Power Journal. *Volume 14, Mirage III/5/50 Variant Briefing: Part 1.*
- Jackson, P. (1993). World Air Power Journal. *Volume 15, Mirage III/5/50 Variant Briefing: Part 2.*
- Jackson, P. (1994). World Air Power Journal. *Volume 16, Mirage III/5/50 Variant Briefing: Part 3.*
- Tecnología Militar, No. 1 / 2006, año 28, ISSN 0722-2904.
- Tecnología Militar, No. 10 / 1985, ISSN 0722-2904.

Otros títulos

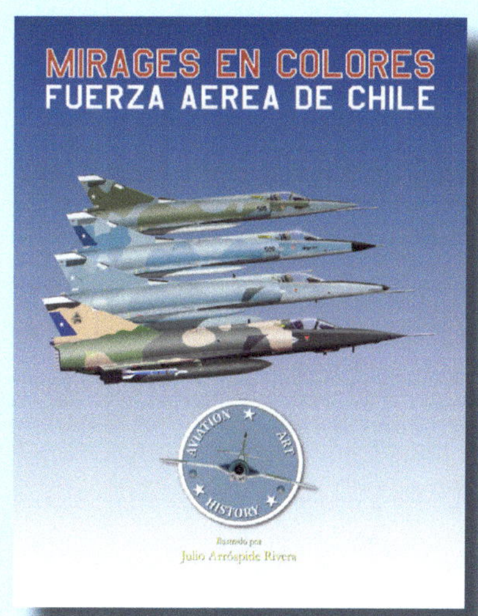